AF599922

*PEDRO G. REVUELTA*

# *ENTRE GUERRAS Y RAPSODIAS*

PEDRO G. REVUELTA

# ENTRE GUERRAS Y RAPSODIAS

*HUERGA & FIERRO* editores

*La producción de este libro ha sido posible gracias a la beca que la Universidad de Houston, College of Liberal Arts and Social Sciences (CLASS), Project Completion Award, otorgó al autor.*

Diseño de Colección: Huerga y Fierro

Primera edición: 2024


C/Sebastián Herrera, 9
28012 Madrid-España
Telf.: 91 467 63 61
www.huergayfierro.com
huerga@huergayfierro.com

I.S.B.N.: 978-84-128506-0-4
Depósito Legal: M-8481-2024
Impreso en Romadac Industria del Libro
Impreso en España/Printed and made in Spain

# Índice

*La literatura es una mentira*
*que sirve para decir la verdad.*
J.H.

*Tomé el librito y lo devoré.*
*En mi boca fue dulce como la miel,*
*pero me amargó las entrañas.*
S. J.

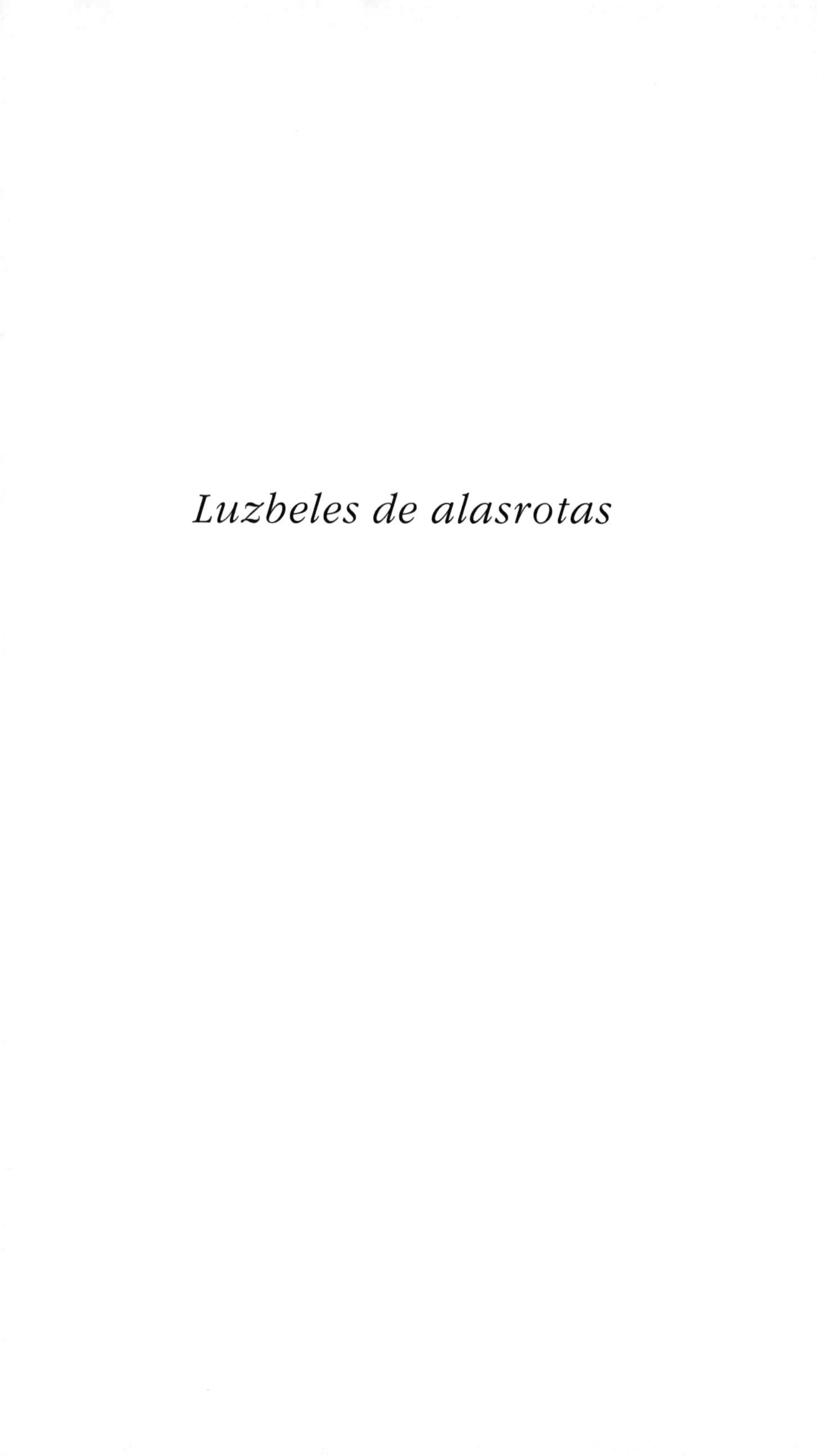

*Luzbeles de alasrotas*

*La victoria ha sido concedida:*
*el rechinar de dientes...*
A.R.

*Burned in a sea of ice,*
*and drowned amidst a fire.*
M.D.

# I

Ángeles de alasrotas por la tortura de la Patria
perdida. Rabias solitarias y solidarias de tristes
huesosrotos. Tierra que chirría en la negación
de poder volver a volar. Anclados para siempre,
amarrados a un pueblo desgarrado (desalado),
se alejan los serafines. Regiones etéreas se ocultan.
Se cierran las compuertas de lo encarnado. Solos.
Huérfanos en el odio. Sin alma voluntariamente
desprendida. El corazón de lastre (trasplantado
a la fuerza) se arrastra por el suelo. Y los ojos
trazan caminos de mármol.

## II

En el surco quedó tirado el grito de la revolución, la alzada. Ya no guiaremos a nadie hacia un mundo mejor. Cerramos los llantos. Los viejos arcones venerables se llenan de ideal desprendimiento, de entregas desinteresadas, de altruismos *prêt-à-porter* a los que obliga la dictadura. Hombres de piedra son estos ángeles de ayer que perdieron las alas. Ángeles caídos. Se eligió vivir (morir hubiera sido lo más lógico, pero escogimos la rabia de ser buenos). Cubrimos nuestro ser de piel de amianto. Dentro hay un mar que espera a que sepáis, sí, ¡que sepáis!, cómo saben nuestras piedras. Más adentro hay un amor que espera.

## III

Gira loca la gramola y la televisión da estúpidas imágenes.
Petrificado como un fósil, trago y escupo las consignas.
El trompeta está muerto y suenan canciones de jaurías y zorras.
La realidad cotidiana se proyecta con un retraso de 500 años.
No hay otra, es la más moderna y desgajada en tiempo haciatrás.
Los ángeles en tierra, que vimos el futuro, tiramos penosamente
de los momentos. Pero caímos por la escalera del noséćuántosmil
peldaños.

## IV

Vamos a hablar desde la canalla: con dos y,
si hace falta, ponemos cuatro y una mitad
si no se alcanza. Puedo seguir eternamente
dando citas. Pero quiero hablar. Se me posó
una mosca en el dedo y parece que me ha
elegido la muerte, en breve. Las moscas siempre
se posan en los moribundos que han intentado
cambiar el rumbo de las cosas, el ritmo
de las cosas, el libar circular de las abejas,
el perfume de los dátiles en su fecha. O
la vida y la justicia. Vale.

## V

No sé si llueve amarga o dulcemente.
Se oyen estampidas que recuerdan
el ruido antiguo de la guerra. Tanta
resignación ha puesto negro el cielo
y se ve un cataclismo en el horizonte.
La desesperación de tantos hombres
(las mujeres fueron ilícitamente proscritas)
se ha hecho tan patente que la bestia
necesita sangre. La paz cansa. Sobre
todo si es esclava. Nosotros, leales,
seguimos descendiendo a los abismos.
Desierto. Arena y ceniza sobre tierra
sometida. Medieval esclavitud. Se anuncia
el *american dream* de los vítores órficos.

## VI

Sueños y ensueños. La herida
profunda se abre cuando menos
se espera que se abra. De repente
vimos cómo la tierra se tragaba
el creer etéreo de lo que éramos.
De la afirmación a la duda. Luego
a la nada. Iluminando el escenario
hay dos focos. Uno, ilumina un ser
taciturno manipulando misteriosos
hilos. El otro, un ángel caído
arrastrándose informe: irreconciliable.
En el paraíso, iluministas iluminados,
se regocijan y aplauden. El manipulador
de los hilos saluda y hace reverencias.

## VII

Apurado el viejo vaso hondoscuro
los ensueños celestiales ya son sólo
puras pesadillas. Maman a la puerta
las gaviotas negras tipo rockefeller.
Escaleras que transcurren al 9/11
segundo piso ascensor que ya no va
ni al tango sino a la muerte. Mar grave,
duro, como garguero cortado a tajo
debajo de unos ventanales turbios.
Cielo azul (¡ay!) y gaviotas después.
La city, prepotente, ha quedado poblada
de fantasmas. Siempre es estático el sueño.
Quieto. Inamovible. Como la muerte.

## VIII

Calor y madera acercándose
a tierra sometida. Medieval
esclavitud que destila agua
fuerte por haberle hablado
húmedo a la servicial tristeza.
Resignación dolida ante el manda
más. Débiles en masa y señoras
importantes, esposas de no sé qué
(o quién). Trabajo impregnado de
ocio monótono, estéril, petrificado.
Pueblo encerrado en redes invisibles.

## IX

La morena que mira con los ojos redondos
se ha hecho una diosa que nos sirve de espejo.
Nuestra locura por la Libertad nos ha hecho
pensar en dar la muerte. La vida nos sonríe,
cual ramera, a la vuelta de la esquina. Todo
(lo malo) muerto por ahora. Tan sólo sentimos
la llama de la orgía. Aunque después venga
el día de alanegra, caída interminable. Y haya
que deslizarse por el alero nevado. Irse gris.
Olvidarse de una tierra a la cual (ya lo dijimos)
no pertenecemos.

## X

Se nos fue la patria antes de haber nacido.
Me quedé sin ella. Nos la robaron (o
se pudrió en el exilio). Se acabó, desde
el principio, la paz, el orden, la justicia.
Desterrados y muertos nos nacieron.
Se murió (nací con ella muerta) la Patria
que aguardaba al salir al mundo. La
Patria (¿cuál de ellas sería?) asesinada.
Mis amigos, viejos ya, muertos y exiliados.
Desterrados para siempre. No pudimos morir
con Ella. No nací ni nacimos a tiempo
de caer con ellos. Y por Ella. Sólo queda
rabia y dolor. Ni paz. Ni orden. Ni descanso.

## XI

Nos cortaron la alas de la lengua.
Y apareció la sanguijuela colocada
tras la oreja otra vez. El espejo,
de baba liliputiense, nos inyecta
la sangre premeditadamente
infectada. Pero nuestro ribo-
nucleico se acostumbró a chupar
la malasangre y la malalibertad.
La malalibertad sesga gargantas,
desala ángeles, visiones, gozos,
decálogos milenarios... Nos
ha caído encima la muerte
de Dios y no nos deja volar.
Pero alas como balas aletean
y avivan contra el cielo los brazos,
ya alas, de un gentío libertario.

## XII

Nos tuvieron 25 mil siglos de torturas en extramuros.
El Gran Romano gira el pulgar hacia arriba o hacia abajo
y un nuevo beato o nueva santa sube al cielo o se va
al infierno si no compra las acciones que dicta
el stock marquet. Nosotros, bajotierra, escuchamos
las formas del basalto. Se olvida la vida. Y se prepara
el último asalto contra los avaros, los déspotas,
los corrompidos.

## XIII

Nace un día como de primavera.
De primavera de ésas de pintor
impresionista francés: bistró
en poster rojo, azul y blanco.
Versos puntillistas de ajenjo
y gris pastel. Ojos (los de ellas)
embriagados en deseos dulces,
amatistas. Un mundo (*liberté*,
*égalité*, *etceteré*) donde poder
comer, trabajar, morir sin miedo.
Pero nosotros
                    no estamos
                                        en París.
Ni estamos en el sueño. Estamos
en el miedo. Estamos en la cárcel.
La única salida la guardan (armados
hasta los dientes) los cancerberos
del ejército impopular globalizante.
¿Habrá que morir en el intento?

## XIV

Perdidos en el mundo, dolorosamente ausentes
del tinglado absurdo establecido, giramos nuestras
alas y no levantan vuelo. Se caen de su cúspide los cielos,
los dioses y los hombres. Vemos escenas terribles
y niños calcinados. Un alarido constante recorre la tierra.
Seguimos, con inmenso esfuerzo, haciendo girar las alas
porque nuestra furia se ha hecho incontenible: descifra
a través de la niebla una máquina lejana que nos aguarda.
Sonreímos y bañamos los rincones de alegría.

# XV

La tarde es clara y múltiples escalofríos recorren nuestro cuerpo. A veces el placer presenta su cara imperiosa y nos ofrece más, y más. Nos cueste la vida o la miseria. Es Eros que Desatado (¿des-Tanatado?) produce el cambio más notable de la creación: ha pasado a ser lo que procura su término. De inmediato, aquello en lucha, se convierte en lo que palpita. Lo que disgrega, une. Las máscaras cambiarán de forma trágica. Los nombres y las palabras quedan flotando en el vacío. La brújula se vuelve loca y recorre el círculo vertiginosamente. Una minúscula mácula de polvo ha destruido la autopista de los grandes conceptos. De su médula enamorada se ha extraído el átomo donde se unen los opuestos.

# XVI

Aquí, en la celda, en la noche,
encerrados, qué triste está la "casa"
sin ti. Detrás de las lunasazules
del Mister y la Cía, se alzan canciones
revolucionarias. Sólo las linternas
(¿luciérnagas?) iluminan las cosas. ¡Qué
a oscuras la tierra sin los relámpagos
del máuser! ¡Qué asfixiante el mundo
sin bandoleras de tu pañuelo de girasol
al sol y al viento! ¡Sin ti es tan lento
el hombre y la osadía! ¡Eres la rampa
que se alza para volar!

## XVII

Nos sentamos en el último bulto. Era
un hombre muerto. Un hombre perdido.
Un muerto nuevo. Un casco de pinchos
le rodea la cabeza. Nos sostiene erguidos,
por ahora, una música de timbales. Mil
veces descendidos a las profundidades.
La tristeza nebulosa del tiempo desaparece.
Vuelve la cabeza de corcho flotante.
Los oídos no oyen, se alucinan: hay un
batir increíble de alas, para siempre. Ya,
sólo, simplemente.

## XVIII

En el cuartel había un gran patio
siniestro donde nos torturaban a su
gusto. Había, al lado, un jardincillo
ridículo con un monolito dedicado
a los caídos por la patria (o por la mierda,
*who knows?*): y una fuente ridícula también.
En este mortal cuadrilátero patio-militar
cae el sol a plomo durante todo el día.
En el verano se convierte en un horno.
A la hora que ahora llaman *las 5 en punto*
*de la tarde* de un día de mediados de no sé qué
fuimos llevados allí 3.000 o más millones
de reclutas (¡quién sabe!), colocados firmes
durante seis siglos y cuatro más; ataviados
con uniforme de invierno, casco, correaje
con todo lo demás. Cuerpos cayendo al suelo.
El asfalto ardiente nos abrasa la planta de los pies.
Cluecan los ojos. El casco —no de Mambrino,
pero parecido— te recalienta la cabeza que,
maldita, martillea como si se fuera a romper.
(Se va a romper.) Los mosquitos te comen la cara.
Odias y sientes ganas de gritar o de morirte.
El coronel pasa revista: "¡Esa cincha está floja!
—te grita al oído uno de sus perros—, ¡ese mosquete
no brilla!".

# XIX

Érase una tarde soleada, hermosa, encantadora
del mes de febrero. Éramos doscientos veinte
millones sin nada en común en un principio.
Luego, iguales: oprimidos todos por los mismos.
Llegamos un sábado por la mañana en camiones
militares vestidos de paisano y asustados. Llegamos
muchos (machos): al final, de 220 millones
terminamos siendo 5.000 y tantos. Nos colocaron
como quisieron. Nos vistieron, insultaron, pegaron
y arengaron a su gusto. Después nadie nos conocía.
Todos iguales buscábamos a alguien que se nos pereciera.
Empezamos una gran estadía, una larga marcha.
Atribulados caminantes entre ruinas. Aprendimos
a levantarnos de un salto, de noche, de pie, dormidos.
A marcar un paso ciego, inútil, cargado de fusiles,
burdos. Se nos hincharon la manos de palmadas
en los flancos, la culata, el hierro, las caderas. Nos
destrozaron una y mil veces: arriba, abajo, por dentro,
por fuera. Tanto daño como quisieron nos hicieron.

# XX

Otra vez lluvia de primavera. Siempre llueve por la tarde. Y cantan los pájaros. Y suena la música. Tomo piña. Hacen ruido las gotas. Está el cielo negruzco y rosado a la vez. Ahora que estoy agradable, caen gotas fuertes y hacen ruido. Bello escuchar el ruido de mil carros a 77.000 revoluciones por minuto sonando a hierro, a obuses, a blasfemias. A sangre. Todo tiembla y te quedas sordo. Es una masa horrorosa de cadenas y dolores. Son carros que pudieran ser de las Termópilas o Waterloo o de cualquiera de las muchas guerras. Estos carros llevan dentro muertos como yo. Soy tirador. Voy adentro, en el fondo del carro. Soy de los que disparan desde mi corazón al suyo. Ladran los oficiales: "¡Fuego! ¡Fuego!". Y la orden se oye allá en el *cerebelum*. Es decir, ¡quién sabe dónde! Y yo disparaba y, como yo, mataba...

# XXI

Primera guardia. Veinticuatro mil entran todos los días.
Con casco en la cabeza y bayoneta en la punta del fusil.
Nos pasan revista. "*Everything clean, sir!*" Pero hay
ratas, chinches, piojos, etc. Cuarenta balas llevamos
a la cintura. Mi primer puesto fue, con sol terrible,
en el portalón de la salida de carros. Salió uno:
los hijos del coronel —los señoritos— que daban
una vuelta para divertirse. Dos horas (o 4.000).
Llega el relevo. Horas en el cuerpo de guardia.
Muertas. Después, otro puesto. El de los calabozos:
a tope, en literas de tres camas, algunos para seis años
o quizá más. Obedeciendo órdenes me he convertido
en el policía que los controla, en el perro de los que
me apresan a mí también. Llegó de repente el lugarteniente
y me ordena que saque de la celda a noséquién y
en frente de todos nosotros le da una paliza descomunal
por la única razón que le salió de los cojones (de los galones,
quiero decir). Y yo, con 40 balas a la cintura y bayoneta
en el fusil, me quedé mirando. A la víctima
se la llevaron a la enfermería a vomitar su rabia. La bestia
se fue al bar de las bestias. Yo fui, secretamente,
a ponerme las alas, tomar la pistola y acariciarla
con placer.

## XXII

Días de cuartel ni de amor ni de nada.
Días como cuando recién despertado
(o recién parido). Todo se atisba, nada
se ve claro. Algo así como una mosca
o cualquier bicho que dure eso: 15
días (ni un mes) no más. No se llega
a ser perro, ni conejo, ni sapo. Algún insecto
simplemente. Un run-run metido en el coco
(ya ni cabeza) como ruido de poleas
que levanta cortinas en el teatro
de la desvida que estamos viviendo.
Es el run-run a muerte de esta guerra injusta
que no termina y en espera de un descanso
merecido que no llega (aunque fuera
de mamporrero o mosquito o algo parecido).
¿Habrá si no que evadir guardias? ¿Jugarse
la vida y matar para ser libre? En la guerras
de amor no hay descanso. Ni uno mismo
se lo permite. Sólo hay— [mi *discurso*
*poético* ha sido interrumpido por un grito
a bocajarro, es una voz de mando que insulta
y blasfema y saca una pistola y le pega un tiro
en la cabeza a un compañero, "¡a enterrar!",
nos ordena. Sólo se oye la pala contra la tierra:
¡plaf!, ¡plaf! ¡plaf!, una tras otra... (fueron mil
tal vez). Siguen en el coco los run-run lejanos
de la guerra.]

## XXIII

¿Quién es el muerto que ronda por mi casa
salpicándome de golpe de sangre la cara?
Él se sentó —fue amigo ausente— en el sitio
que ocupo yo ahora y te mataron. Reclamas
muerte a tus verdugos. No fui yo. Son ellos
los que gritan: "¡Preparados! ¡Apunten!
¡Listos!", etc. Y había que disparar. Te lavaban
también la conciencia. Decían que era la ruleta
rusa pero al revés [quizá capitalista, no lo sé]:
de entre los siete fusiles listos para matar,
uno sólo estaba cargado con salva. A lo mejor
fue el mío, compañero...

## XXIV

¡Compañeros!:
Se han acabado la grandes epopeyas poéticas.
Se han desvanecido para siempre esos conglomerados
de leyendas y metáforas con sentido transcendente
que formaban las Patrias. Los honores gringogracianos,
de frontera a frontera, se han disipado acompañando
a la ingenuidad. Todo este falso tinglado se ha caído.
Globolandia no era perfecta y salpicaba sangre
en los pendones (en los pezones a veces).
Quedó al descubierto la mentira: la economía
(Agamben y otros han escrito sobre esto)
de los países del coutryclub y su poder
mediático que impone la sonrisa del 22% y sus
*beautiful teeth*. El resto, simplemente, sentimos
los caninos en el cuello. ¡Compañeros! ¡Soldados
esclavizados de todo el mundo! ¡Hay que luchar!
¡Cuando seamos libres podremos entender
lo alegórico y el mito! ¡Hasta entonces— ["¡que
llega el capitán!", avisa un voz, y llega con él
el silencio del miedo.]

## XXV

Nos viene a ver un general o capitán general,
o lo que sea. De la zona. Un viejo trabado,
presumido, decrépito tras su faja. Paramos
los motores. Salimos de la panza. Huele
a gasolina quemada. A juicios sumarios.
Se respirara sangre antigua. Nuestra.

# XXVI

El coronel en Jefe del Regimiento
se levanta pronto. A las 5:22.
Rechoncho, es decir bajito, gordito
y sonrosado. Pijama azul cielo o crema
o verde eran los colores de sus pijamas.
En la cama, allá, a su izquierda, dormía
su mujer: rubia teñida. No gruesa: entrada
en carnes. Se desayunaba [él] en el salón.
Sentado ante la gran mesa parecía
de un cuadro de Botero. La doncella,
con cofia y delantal blanco, le servía café
("¡dale café, mucho café!" decían en el 36),
zumo de piña, tostadas, croissants. Parecía un ser
diminuto, liliputiense, allí, metido en el salón
con la taza de té y sus croissants. Luego
siempre se duchaba —era un coronel limpio—.
Yo le tenía la ropa de faena perfectamente
preparada. Azul. Y botas recién lustradas.
Antes de ponerse la botas avisaba a la criada:
"Antonia, despierte a los señoritos." "Ahorita
[la criada era sudaca], señor". La coronela
se despertaba (sólo un poquito). El coronel
en jefe, ya vestido, salía de su cuarto.
Los señoritos entraban al cuarto de baño.
En el portal el coche y el chofer [los coroneles
tenían derecho a chófer y a coche] le abría
la puerta. Entraba. No fumaba. Llegaba al cuartel.

La guardia formaba y gritaba: "¡¡Ta-ta-tá-tirín-tirín!!, ¡¡Ta-ta-tá-tirín-tirín!! ¡¡Sin novedad en el alcázar, mi Coronel!!" (Los soldados del cuerpo de guardia se dicen entre ellos: "ya llegó el cerdo, ya llegó la bestia".)

## XXVII

Había un viejo cabrón, hideputa y feo. Gritón con pinta
de cabo jubilado. Iba por las tardes y vendía periódicos
y tabaco. Nos odiaba. Pero como vivía de nosotros nos
odiaba más. Llegaba en la hora de la canícula con su carrito
ridículo. No gritaba su mercancía porque sabía
que nosotros iríamos —¡qué remedio!— a su carrito
ridículo en busca sobre todo del placer de los cigarrillos.
Nos insultaba (sabía que nos era necesario): "¡Sois...
sois... unos mierda... eso sois... unos mierda!"
Y nosotros nos callábamos. Le faltaban varios dientes.
Un día dejó de ir. Debió morirse. El hideputa de él
nos dejó sin tabaco.

## XXVIII

El Primitivo nunca iba a instrucción;
no estaba en ninguna parte; no hacía nada;
tan sólo lo que quería. Cuando había que
ponerse un gorro, tomaba el otro; de repente
amenazaba: "¡Te clavo, te rajo!" El sargento,
se callaba. El teniente, se callaba. Nosotros,
público del Primitivo, veíamos que se callaban.
Era pequeño, feo, producto erróneo. Seis años
llevaba de cárcel para veintitantos: un desgraciaó
—como lo fuera Pedro Páramo—. No tenía nada
que perder. Con su simple presencia los acallaba.
Tenía dados y cartas. Nunca le descubrí las trampas.

# XXIX

Lui de Drácula era un soldado esperpéntico —suerte que tuvo la pobre Spain con el gran Valle— con la boca torcida, los dientes saltones de un extraño color. Cuando hablaba intercalaba de forma inverosímil, y entre las letra más inesperadas, una "g" liquida. Estaba siempre en el calabozo. A veces te decía: "Yo tengo una *ungenerosis*, por eso estoy aquí." Eso era todo. Esa era la única razón de su existencia o, mejor dicho, su resistencia justificaba su condena perpetua de ser un *ungenerósico*.

## XXX

Estábamos en el campo de tiro con los carros de combate. Descansábamos. Un primero reenganchado y un sargento jugaban con un perro. Cachorrito, medio asustado, cojo que se habían encontrado (se aburrían). Le metían pajitas por el hocico (y por el culo). Tosía (como tosen los perros), se cagaba. Le estiraban del pellejo. Ladraba (se aburrían más). Los tubo de escape de los carros estaban al rojovivo, abrasando. Le ponían sobre ellos. Ya ni ladraba, ni aullaba: sólo lloraba. Se reían (se aburrían). Lo metieron en un bidón lleno de aceite (texaco, tenneco, etc). Y allí lo abandonaron a su mala suerte. Es decir, a ahogarse en aceite. Tocaron la voz de marcha: "¡Todos arriba, aaarrrr!". Y nos marchamos. Eso fue todo.

# XXXI

Las guardias son gritos lejanos, insultos,
carreras de perseguidos huyendo en la gran
noche donde maldormimos (el que puede).
Se oye. Se oye un grito a la altura del oído,
una amenaza, una pregunta a muerte. Gentes
sacadas de la cama para dar (y darles) el paseíllo.
Llega un oficial oficioso. Se hace el silencio
(da rabia, da miedo, da asco, da vergüenza).
Dormimos mal y de vergüenza. Velo y paseo
por la celda. Literas y taquillas metálicas,
grises. Letrinas nauseabundas.

# XXXII

Soldados miserables, hediondos, serviles.
Animales que no servís más que para ser
golpeados, mandados, rastreros, huidizos,
borrachos. Rellenos de féculas que os dan
y, a la vez, hambrientos, pordioseros. Burros
de carga y de golpes. Yo soy uno de ellos:
altivos, dignos, torturados. Escondimos
como pudimos las alas y los teléfonos
cuando en el Cielo nos torturaron...

## XXXIII

Se murió el coronel. Se mató, *per accidents*,
el cerdo que tomaba de desayuno los croissants
y las naranjas. Una avería de avión (por fiarse
de Yuesei y etc.) se llevó al Jefe. Al hombre
de botas relucientes: al cerdo, según la asustada
Guardia. Fueron grandes estrellas a su misa
de réquiem. Nosotros, calados hasta los huesos,
nos regocijábamos de la tormenta de verano. No
hacía frío. ¡Había risas! ("¡Se murió el cerdo!",
gritábamos para adentro. "¡Bien muerto estés,
y para siempre, cerdo coronel y general también!")

## XXXIV

Me encantaría ser un poeta de esos que meditan
y escriben. De los que cuando se duelen
parece que el dolor lo crearon ellos y la tristeza
también y el sometimiento. Poetas de esos
tan divinos que sufren por sí solos y se gozan
por sí mismos. Y cuando llega el momento
de decir la verdad se callan. Se quedan mudos,
esperando que la voz de su amo les deje hablar.

## XXXV

Me (dis)gusta ver llover. Ha llegado
el otoño antes de la fecha prevista.
Los cristales se cubren de gotas que
se deslizan entre el ruido de la lluvia
y los trinos (¡qué poético!) de la pól-
vora en la media tarde. Son las seis
de la mañana y pocos minutos de un
primero de mayo con el otoño encima.
Suenan, a lo lejos, truenos largos.
La guerra se acerca. Ninguna idea
cruza la cabeza. Llueve en el Desierto.
Placidez del agua. La muerte se avecina.

# XXXVI

Escogimos un jardín para descansar.
Nos dijeron que era el mejor *locus*
*amenus* que nunca hubiera existido.
Hace de esto mucho tiempo. Mucho.
Pero nuestro reposo duró eso: nada.
El indulto del Faraón se convirtió
en acero. Se enlodó el río. Y otra vez
tomar la manta y Melilla como quien
toma Chinchón y encontrarse en Caja-
marca, por ejemplo, o en Bagdad o
en Gaza o en Guernica que es casi lo mismo.
Nómadas en la muerte. Dando órdenes
y gritos avanza, loco, uno de los muchos
Generales que hay por el mundo. A su paso
no queda nido sobre nido ni piedra
sobre piedra. Experta maquinaria sepultó
siglos de cultura. Vacío queda todo. No
hay jardín. Ni hay humores.

## XXXVII

Fue un día de madrugada.
Siete después del acto final.
Nos habían dado esa semana
de permiso. Llegamos al cuartel
a las 5:30. Hacía frío. La guardia,
un cabo, nos recibió. Nos dejaron
tres horas (¿o fueron tres mil?)
en una nave, jodidos. A las 7:30
a.m. nos llamaron (nos tuvieron
toda una mañana y una tarde
y mil noches para mil jodernos).
A mí me pusieron solo. Sentía
unas ganas tremendas de llorar
muchísimo. Todavía las siento.
Horrible cuartel, cuartelaras,
guerras y órdenes militares. Y yo:
¡qué ganas de llorar imaginándote!

## XXXVIII

Allá, como soldado sin frente, en la retaguardia
de la ignorancia, las vírgenes blancas revolotean
por dentro de la cabeza del *miles gloriosus*.
Mujeres que saldrán a la hora en punto establecida,
trabajadas por las exigencias de la estima al servicio.
Allá, la antigua amiga de los castos recuerdos del jardín
y la merienda como de cuadros impresionistas, sale
húmeda, vaporosa en semen, con su negro centro sexual
palpitando al descubierto. El altar se traduce en cáncer.
Una honda tempestad nos arrastra a las riberas
de la desesperación. Dos muertos se han hundido
en un choque violento. Ditirámbico crepúsculo.
Paramédicos oficiosos. Policías corruptos. Y etc.

## XXXIX

Ya zumba y rezumba la marcha mortal.
Miseria repleta de mierda fecunda,
llamadas siniestras de roncas cornetas,
dolores, oprobios, insultos, denuestos,
bramidos odiosos de déspotas chochos,
compases marciales, fantasmas marchando,
absurdos compases de marchas de esclavos,
pendones podridos de viejos emblemas,
permisos villanos rellenos de sangre,
comidas de rancio sabor a prisiones
en tardes terribles de muro y bazofia.
El bruto, Gorila de Turno, feliz.
Insulta o arenga (quién sabe) el Gorila
de Turno y desaparece. Silencio
castrado —¡qué rabia!— de hombres
armados. Ya viene, ya llega la marcha
de los vencedores. La tropa desfila
los largos silencios que hielan la sangre.
Descifra la tropa sus humillaciones.

## XL

Acorralados en este túnel rosa y mortal,
yo (¡ay!) comando a oscuras un ejército casto
y disciplinado (mañana llegará la orgía).
Fueron treinta y tres siglos vestidos
de azul y de granito. Pero un día —creo
que fue ayer— nos quitamos los *blues*
y nos pusimos las alas. El nudo gordiano,
que nos ha tenido atados ¡tantos siglos!,
ha sido cortado y la Esfinge desalada.
Volamos, contradiciendo todas las leyes,
a más velocidad que la luz (¡qué diría
Einstein!). Es un vuelo rasante contra
las bases del enemigo. No dudamos
de la victoria. No queda otra. Ha caído,
como la de Newton, por su propio peso.

# XLI

Me acosté ayer (¡*evohé*!) arrullado por dos pájaros. Quedaron los carros rotos en un prado. Música, baile, romería. Se hicieron pequeños como grillos (los carros) y desparecieron. Madrugada, 5:30, las dos aves, locas, enamoradas, maravillosas. Cantando desesperadamente como ruiseñores.

## XLII

Movimientos de aire me trasladan
hacia la otra ribera del torrente.
Es el lado del vivir estático, apresado
por espirales (y esquiroles) de humos
verdes, azules y rosados. La otra orilla,
es decir ésta, no es la de enfrente. Está
sobre la neblina cálida, sobre la ausencia
del mundo en uno mismo. Sus plantas
y sabores embriagan y se alejan. Al centro
dan todas sus ventanas.

## XLIII

Pequeñas redondeces: la copa, el cenicero,
la música. Melancolía redonda. Siempre
apagada la tarde. Encendido el recuerdo
de los sentimientos. Metafísica inútil.
Freudiana (masoquista). Tristeza enorme-
mente redonda. Nostalgia del cielo huido.
¿Será cierto que nos espera la Gloria, allá
en el Oriente? No. Solamente, de esperarnos
algo, nos espera la muerte. La muerte es flaca.
De clase media. Enormemente verde. Sonríe.
Yo he visto a la muerte. Cuando abrí los ojos
para ver el cielo. Escalé la cumbre y vi la muerte.
No saqué de aquello ninguna enseñanza. Vuelta
a la Tierra camino por mi laberinto.

## XLIV

Habrá un día en que las cosas
se asienten sobre sus cimientos.
No comprendo que para siempre
hayan de estar bailonas, tambaleantes,
absurdas y opresoras. Habrá un día
en que las cosas no bailen al son
del explotador de turno y puedan
realizarse hermosas, floridas, subyugantes.
No se puede aceptar que aun todavía
se siga viviendo por mandato, se siga
existiendo por abuso, y tengamos que
decir "sí" o "no" por negligencia.
Los pérfidos dioses de la UNITED
han de caer. Han de morirse. Hemos
de ver un trigo verde y una fuente clara.

## XLV

¡Ángeles de todo el mundo!
¡Uníos, alados, en la fuerza
de los puños contra el cielo!
¡Cread la vida (el magma,
el plancton), no sólo la rosa!
¡Destruid el arrogante gen
de lo fatal y lo nulo!

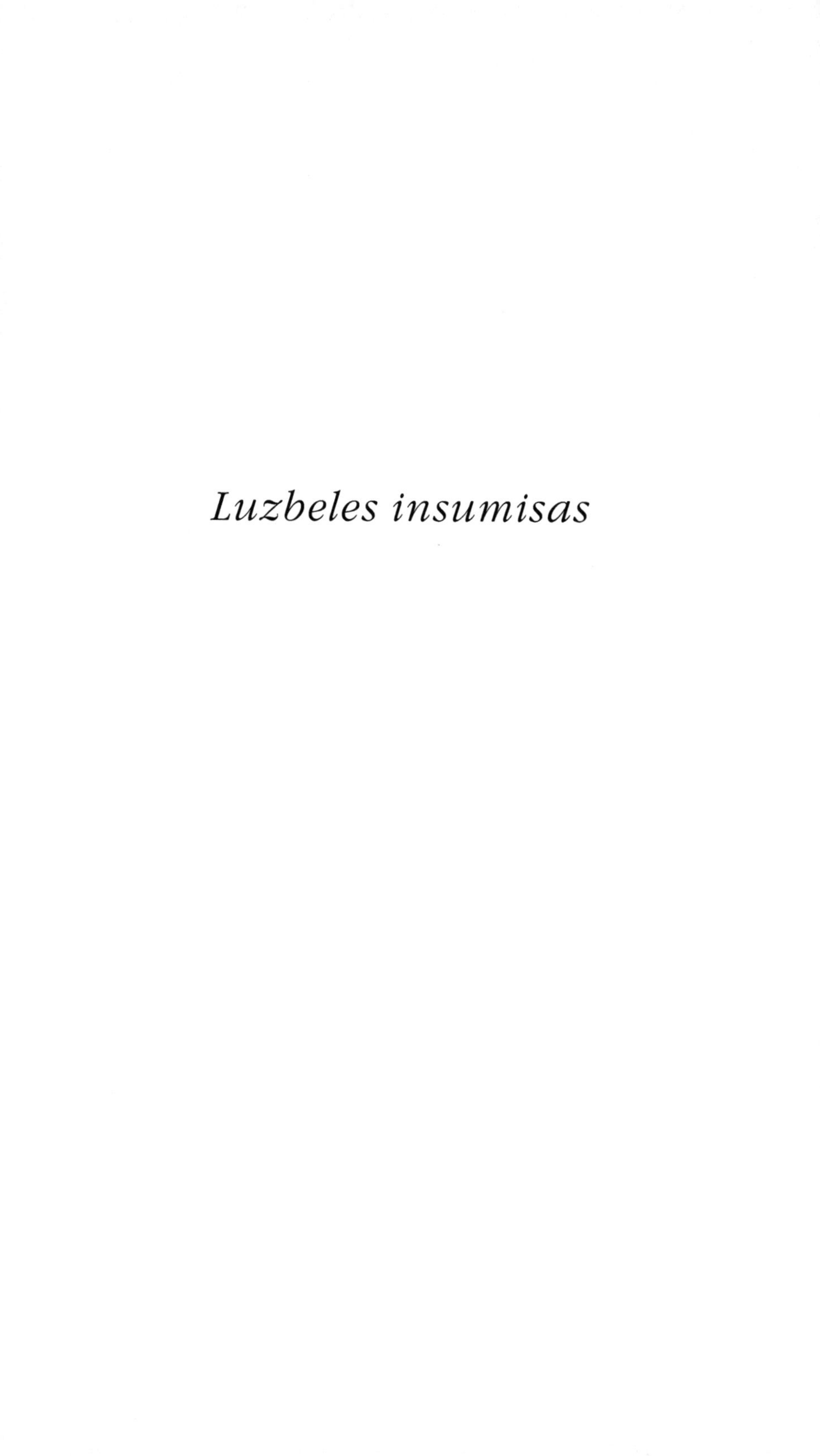

*Luzbeles insumisas*

*Now the angels got a fiddle.*
*The devils got a harp...*
L.C.

Sí, soy yo, es decir, somos nosotras, las proscritas
por siglos en la noche cenicienta, en el castigo inicuo
del cuarto de atrás, en la penumbra protocolaria
del mandamás de turno y su holografía barbuda.

Sí, ha sido aprobado el permiso oficial
(conseguido a pura leche y a pura lucha)
de podernos declarar constitucionalmente
"cerebro pensante"; es decir, constitucionalmente
ya somos reconocidas como cerebro que piensa.

¡Al carajo ya para siempre eso del ser etéreas
y celestiales y "ángeles de la casa" y esas babo
sadas de constrictor continuo que no se entera
de la misa la media y vejetea compungido
su propio miedo a perder los privilegios heredados!

Y si no te apuras, constrictor continuo,
te vamos a convertir en criatura de la niebla
alumbrando la colonoscopia del útero
y la esperanza de una tristeza andrógina revitalizada.

Nuestro *fiat lux!* ha venido siendo rechazado y despreciado
por el dominante de la esfera piramidal prostática
que nos ha declarado de facto una molestia,
un fastidio, una presencia indeseada y sólo deseada
al mandado de la satisfacción de la egocéntrica pichula.

Consiguieron mantenernos por siglos amarradas
a la explotación diaria de los quehaceres diarios.

Pero se rompieron las *caenas*: los tímpanos y bíceps
musculares han quedado parapléjicos y nuestra soledad
se ha convertido en un equipo de solidarias
conmutaciones y afrodisíacas percepciones.

Así que, ¡por fin!, aquí estoy, aquí estamos, brillando
con fuerza inusitada sobre el desprecio del Sol.
Soy, somos, luzbeles luminosas y etéreas, carnestolendas
vivaces en lo más oscuro y brillante del núcleo eterno.

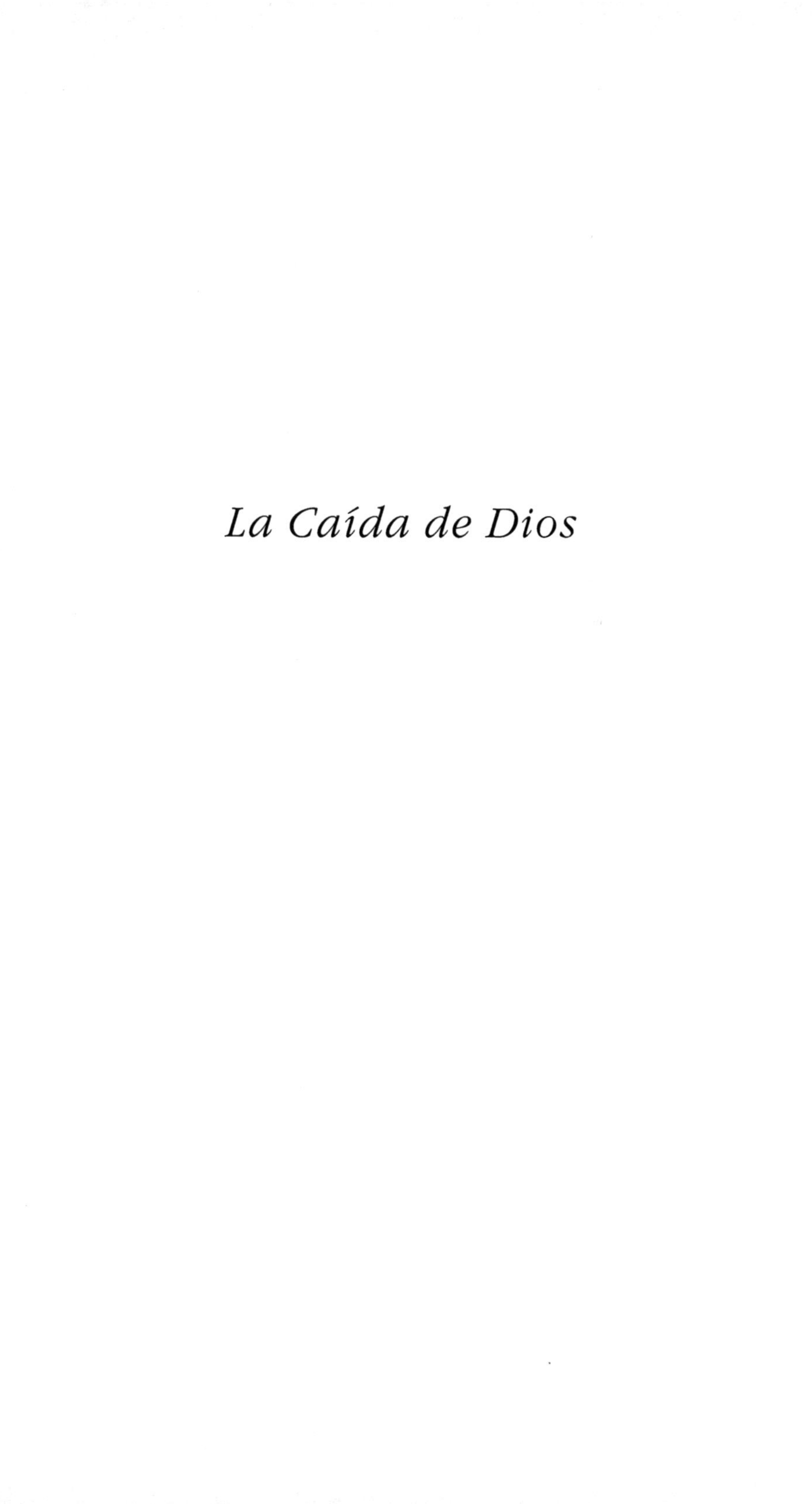

*La Caída de Dios*

*Caí caí Caín,*
*igual al tuyo es mi pecado.*
G.F.

Ya está todo sentenciado.
Nací en Wyoming. Cody
es mi ciudad natal y mortal.
Me dejé atrapar por el Cherife
Bocanegra que me metió
en el trullo mientras los guindillas
me dieron en la puramadre tantas
veces como quisieron, porque yo
de ser Dios vine a ser Nadie: puro
Payaso de la Santísima Trinitantos.

Entregué a mi hermano. Sí.
Eso fue exactamente lo.....
....que hice. Exactamente. Sí.
Entregué a mi hermano. Hice
tal como me dijeron que hiciera.
Tú hubieras hecho lo mismo.
No me vengas con pamplinas.
Y te hago un gran favor dándote
el aviso: si me flagelan otra vez
(como hicieron con mi hijo)
no tendría más remedio que mandarte
a pudrir al mero trullo y a la chingada.

Saqué sobresalientes en la escuela.
Fue el niño más listo de la clase.

Cuando tenía doce años jodí
el ojete más dulce. Nos encontraron
en la cama fumando un *butt* de *grass*.

Diez (o diezmil) años por ofrecer
resistencia. Diez (o diezmil) años por
posesión, es decir: por estar poseído.

Diez (o diezmil) años por empezar
a comprender. Y el resto porque sí y...
que a quién conociste en la escuela,
y que con quién te divertías, y que a qué
cerebrito débil corrompiste... Querían
todos los nombres de la pachanga.

Aunque la ópera bufa del planeta
me llame Dios, Yo, sólo soy un pobre
soplón, un delator atrapado en un WC
y arrastrado desde Cody a Gáspeta
Runiti, allá por Torresfild iba
tamboreando eso de "...líbrame de todo
mal..." donde los jueces, los jerarcas,
los mandamases y etc juegan siempre
sucio. (Ni siquiera mi hijo se salvó.)*

Bajo la Palapa de Mismaloya pedí entonces
un Tapir Tostado (cocktail de mi invención,
algo así como el Martini pero mucho mejor):
Chicha con Granadina&Limón Nacatamal

Porfino Cangrejos Asoleados Erizos de Comal
Iguana Taylor-Burton Pulpito de Tomatlán y...
Jamón-Jamón. Y al séptimo día desaparecí.
Mi brindis de despedida fue en inglés: "Dear
World: I am leaving because I am bored.
I feel I have lived long enough. I am leaving
you with your worries in this sweet cesspool.
Good luck and go to hell! I'll see you there".

### *RESPUESTA AL PADRE
(*fragmento*)

"Mira tío, no te me vengas
ahora en plan de mártir
porque si a mí me dejaron
como a un verdadero Cristo,
toda la culpa la tuviste todo tú."

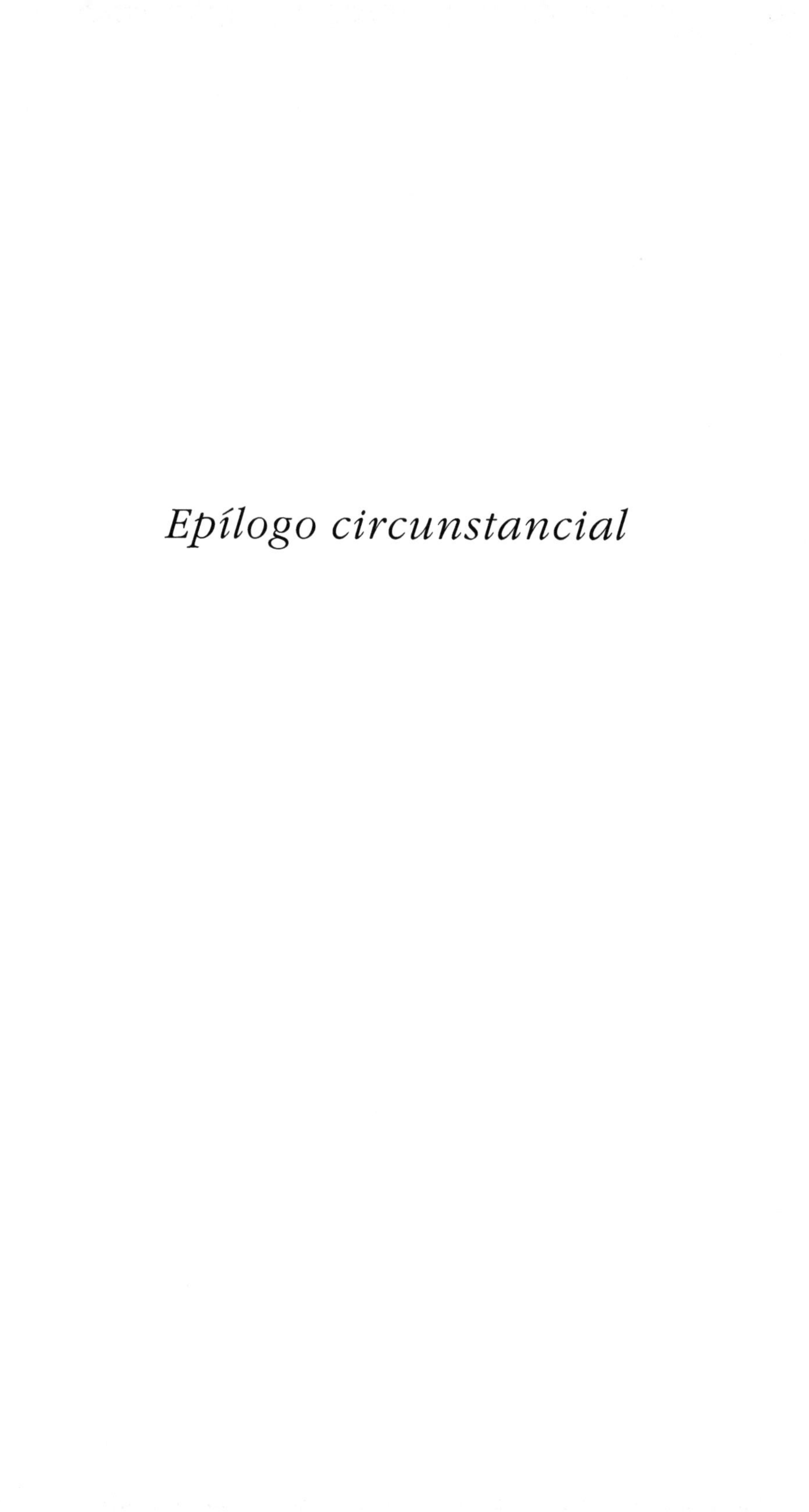

# *Epílogo circunstancial*

*Tú soy yo*
A.M.

*Yo es otro*
A.R.

*Decir yo es anonadarse.*
A.P.

## REVUELTA Y YO
*(Recordando a Borges)*

Nunca me dijiste que me querías.
Aunque tú, siniestro, siempre
supiste que yo te quise más
que a mi madre (y sólo sea,
como tú sabes, por decir
este fingido retruécano).
Me dejaste en el olvido,
arrugada flor marchita.
Ni siquiera, aunque sólo fuera
por supersticiosa reliquia,
me pusiste entre las hojas
de ese libro que nunca
se vuelve a leer. Te la hiciste
de galán de cine de barrio,
tú, que ni siquiera en nuestro
barrio te hicieron caso
ni las moscas. Y en nuestro
proceso kafkiano —por recurrir
a tu *K* favorito— te la hiciste
de valiente y ni una lágrima,
ni un pequeño suspiro,
aunque fuera fingido,
recibí de ti. Pero hoy
—siempre el pasado
haciendo de las suyas
y el mañana que no acierta—

me pongo a hablar contigo
en sordina, como siempre,
y a seguir arañando un poco
este corazón ya por rutina.
¿Me puedes decir tú que pasó?
Porque no se olvida. Es mentira.
Yo me salvé con tus palabras.
Pero a ti, soñoliento ser
que se arrastra entre las sábanas,
¿quién te salvará? ¿Un amor tal vez?
Hace tiempo que supiste la verdad:
el amor te irá enterrando
entre tus sueños porque nunca
los tuviste, y así se arrastra tu cara
de inocente resabiada y arrogante
crueldad de presumido cinismo...
...y tu miedo a descubrirme.
Pero no importa. Todo es sólo ya
un desierto. Un gran desierto.
No habrá más remedio que rajar
la baraja y ampliar la vida en el misterio
y la poesía. ¡Ya está bien de plusvalía!
Unir los corazones en algo no triste.
¿La Secta de los 30? Quizá eso baste,
corazón de amianto, porque tú mismo
lo dijiste: "Ya no seré feliz. Tal vez
no importa". Pero ¡ay amor!... "yo
cambio la primavera por que tú
me sigas mirando"... y si me sonríes...

Esta obra
se acabó de imprimir
bajo los auspicios de
Charo Fierro y
Antonio J. Huerga, editores.

FINIS CORONAT OPUS